RECETTES POUR CHATS AGRESSIFS
… OU COMMENT FACILITER LES PREMIERES RENCONTRES
2° ÉDITION

Par Morgan LaVieDesChats.com

Sommaire

Préface

Je m'appelle Morgan et suis, comme vous, passionné … fou … obnubilé par les chats.

Depuis tout petit, je côtoie au quotidien des chats à la maison. Déjà enfant, ma maman me racontait ses propres souvenirs d'enfance avec les chats. Ma grand-mère ne concevait pas une vie de famille sans un chat à la maison. Ce félin fait partie de ma vie comme le vôtre fait partie de votre existence.

Voila pourquoi la création du site laVieDesChats.com était une évidence. "Mais pourquoi n'y ai-je pas pensé plus tôt ?".

Quel plaisir pour moi, tout en vous aidant, d'expliquer ce que je devinais ou savais instinctivement du comportement des chats. En aidant les internautes à résoudre leurs problèmes, j'allais me documenter, interroger, tester, expérimenter, analyser, apprendre, tenter des astuces et expériences pour concevoir ces méthodes de laVieDesChats.com.

A ce jour, la méthode qui m'a demandé le plus de recherches et d'analyse est celle que vous lisez aujourd'hui. Comment calmer un chat agressif ? Est-ce un symptôme d'un mal interne ? Son comportement radical répond-il à un événement survenu dans votre environnement ? Pour quelle raison notre compagnon demeure-t-il ou est-il devenu subitement agressif ? Dans la majorité des cas traités sur laVieDesChats.com, le même motif revient : l'arrivée d'un autre chat !

A partir de ce constat, nous allons comprendre ensemble ce que vit votre chat. Nous ferons un état des lieux puis nous agirons. Nous suivrons alors cette méthode que vous avez en main aujourd'hui. Pour arriver à vos fins, vous allez tout mettre en œuvre pour satisfaire les besoins de votre chat. Etes-vous prêt à vous engager, à suivre scrupuleusement cette méthode ?

Analysons dans un premier temps le phénomène de l'agressivité chez le chat avant d'envisager des solutions.

Introduction à l'agressivité de certains chats

Votre chat est en conflit avec un autre chat qui habite sous le même toit ? Il attaque systématiquement votre chien ? Il grogne à chaque fois qu'un membre de votre famille s'approche ? Il interdit l'accès à d'autres animaux à l'intérieur d'une pièce ? Il attaque votre autre chat en le mordant au cou jusqu'à lui faire mal? Vous ne pouvez expliquer son comportement agressif ?

Vous êtes nombreux à me décrire ce genre de situations sur laVieDesChats.com. Au fil du temps, j'ai testé avec vous une méthode personnelle. Celles et ceux qui l'ont testé, en ajoutant leur amour des chats et de la patience, l'ont tous approuvé.

Ce que vous dites de la méthode

Parmi de nombreux exemples, citons ceux-ci dans les commentaires de laVieDesChats.com :

- Alexandra avec une chienne et 4 chats : 15 jours après des jeux jugés brusques entre la chienne et les chats, Alexandra revient avec ces bonnes nouvelles : « Voilà quelques nouvelles de la cohabitation entre ma chienne et mes chats. Et bien ça se passe plutôt pas mal, le plus jeune chat est encore un peu brusque mais ça va beaucoup mieux. Encore merci pour vos conseils. »

- Véronique vit avec un chartreux de 10 ans et vient d'accueillir un chat de 8 mois. L'entente est ombrageuse entre les animaux mais au bout de 10 jours, Véro m'annonce : « Merciiiiiii pour vos conseils ! Mon vieux Umbro et mon chat noisette ont enfin trouvé un terrain d'entente. ».

- La petite chatte Quilmes et le vieux toutou

Ernesto démarrent mal leur cohabitation. Comme me l'écrit Paul : « Depuis hier elle s'approche et n'hésite pas à l'attaquer. Ernesto commence à grogner ». Au bout de quelques jours de séances de de la méthode laVieDesChats.com, il annonce : « En quelques jours ça va déjà mieux, Quilmes crache encore un peu mais se laisse approcher et n'hésite pas à crapahuter dans la maison même si le chien est dans les parages. On les laisse même tous les deux quand on part et tout se passe bien. »

- Sophie a réussi à calmer ses chattes Hannah et Phoebe grâce à cette méthode : « L'évolution est très bonne : Phoebe n'a plus fait de pipis intempestifs depuis déjà 5 jours! C'est formidable! Nous avons du mal à appliquer la recette à une heure précise tous les jours, car cela forcerait l'une à être déplacée … Donc c'est un peu une adaptation à votre recette. Mais les résultats sont extraordinaires ! Je ne peux que recommander cette méthode car elles se disputent à peine déjà après quelques jours ! Nous continuons donc !

Si ce défi vous semble intéressant et utile, alors suivez-moi à la découverte de cette méthode. Cette recette de laVieDesChats.com va vous permettre de calmer les tensions entre votre chat et sa victime. Vous allez pouvoir enfin souffler et ne plus devoir être sur le qui-vive pour éviter une bagarre ou une poursuite endiablée. Enfin vous allez profiter de la sérénité et du plaisir que les chats nous apportent au quotidien.

Pour atteindre votre objectif, vous devrez travailler avec votre chat dans des séances dont je vais vous décrire maintenant les conditions.

Auparavant en introduction, je vous donne les clés de compréhension du comportement agressif chez le chat.

Pourquoi certains chats sont-ils agressifs ?

L'agressivité est dans certains cas le seul moyen qu'il lui reste pour exprimer une souffrance médicale. Avant d'évoquer la territorialité du chat, je dois vous recommander d'envisager en priorité un problème d'ordre vétérinaire.

En effet, contre une maladie ou un traumatisme interne (calcul rénal, bassin déboîté, infection, etc.), le chat est démuni et n'exprime son mal que par des feulements, des miaulements inhabituels, des coups de griffe dès qu'on tente de le rassurer. Voila pourquoi, si votre chat devient subitement agressif sans raison apparente, une consultation chez le vétérinaire est indispensable et écartera toute suspicion médicale.

Quand le moindre doute est levé par votre vétérinaire, nous allons ensuite vérifier si notre chat répond à ses besoins fondamentaux. Parmi ceux-ci figure la jouissance exclusive de son territoire.

Le chat et SON territoire

Le chat est un animal territorial, c'est-à-dire que pour répondre au besoin fondamental de chasser, il contrôle SON territoire et le surveille contre la moindre menace. Solitaire de nature, le chat surveille donc son domaine et réagit aussitôt à toute intrusion.

Si un autre animal, voire un prédateur, pénètre sur son territoire, le chat mettra tout en œuvre pour chasser le clandestin. S'il échoue à faire fuir l'intrus, il ne lui restera que l'exil vers un autre territoire plus sécurisé. Dans les initiatives qu'il aura pour se débarrasser de l'importun, il engagera plus ou moins d'agressivité dans sa contre-attaque. Cela dépend de sa personnalité et son caractère.

Pour bien comprendre ce principe de territorialité, remontons aux origines et considérons le chat solitaire voué à lui-même en pleine nature.

Pour assurer leurs multiples petits repas quotidiens, nos chats ont besoin de chasser tous les jours.

Ce besoin hérité des ancêtres concerne autant nos chats d'appartement aujourd'hui, même ceux qui ne sortent jamais et paraissent les plus repus et les plus dociles. Le besoin irrépressible de chasser chez le chat d'appartement s'exprime par le jeu.

Nos chats sont bons joueurs

Tous les jours, nos chats assouvissent ce besoin de chasser en jouant. Cependant, les chats ne prennent pas le même plaisir que nous dans le jeu. En fait, leur plaisir compense le manque de chasse dans un appartement ou dans une maison toujours fermée.

Quand ils jouent, nos chats incarnent avec une grande satisfaction leur rôle de prédateur et se comportent comme tout félin à la chasse. Voici pourquoi je vous invite à jouer avec vos chats, vous interprétez dans ces parties de jeu le rôle d'une proie. En utilisant un petit objet suspendu à une perche, vous pouvez proposer à votre chat de simuler un rongeur courant vite dans les moindres recoins de votre logement ou un malheureux oiseau tentant désespérément de s'enfuir. Ces séances de jeu assouvissent leur besoin de chasser, annulent les effets de frustration provoquant de l'agressivité déplacée.

Mais ne vous y trompez pas. Deux chats ou un couple chat-chien se connaissant parfaitement chercheront très souvent à jouer à la chasse ou à la bagarre. Leurs gestes sont alors contrôlés. Les claquements de gueule du chien ou les coups de patte toutes griffes rentrées vous démontreront l'entente entre animaux. Dans les cas de jeux de bagarre, les surveiller peut vous rassurer dans les premiers temps, les accidents et blessures ne surviennent que dans le cas où les animaux ne se connaissent pas ou se sont mépris dans un quiproquo.

Pour vous assurer de l'entente entre chats et chiens, je vous conseille le livre de laVieDesChats.com : « le guide pratique de l'entente entre chat et chien ».

En ce qui concerne l'entente entre deux chats, je dédie un guide complet intitulé « Recettes pour deux chats heureux … ou comment réussir leur cohabitation ».

Bagarres de chats

Les chats se bagarrent même quand ils se connaissent ou s'entendent bien. Les chats bien éduqués savent se bagarrer sans blesser l'autre. Parfois les bagarres provoquent des miaulements de douleur et s'arrêtent alors.

Quand nos chats n'ont pas eu d'activité physique significative dans la journée, il y a fort à parier qu'ils se provoqueront rapidement en duel. Pour ma part, j'ai remarqué une augmentation des jeux de bagarre en hiver quand mes chats sont bloqués dans la maison par une mauvaise météo.

Intéressons-nous maintenant à des cas d'attaques automatiques parfois dangereuses, comprenons d'abord ce que ressent notre chat agressif.

Quand minou attaque un nouveau congénère qu'il ne connaît pas bien encore, il agit pour défendre l'exclusivité de son territoire. Submergé par un sentiment de panique, impulsé par un réflexe reptilien (action sans réflexion inscrite dans son héritage génétique, comme nous les humains), le chat répond à une « attaque » de prédateur ou d'un intrus sur SON territoire. C'est ainsi que le perçoit notre chat.

Nous allons donc travailler sur cette perception.

Cas d'agressivité d'un chat envers un chien

Même si un autre ouvrage de laVieDesChats.com est entièrement dédié à l'entente entre chats et chiens, abordons un instant ce sujet ici.

Je vous rappelle que le chat réagit face à l'un de ses prédateurs naturels. Il agit donc en légitime défense car il craint pour son territoire voire sa vie. S'il est habitué à d'autres chiens, au mieux il restera à bonne distance pour tenter d'observer le nouveau venu avant de tenter de l'approcher progressivement. L'éducation et la personnalité de minou conditionnent sa réaction dans ce cas. Si votre chat adulte cohabite pour la première fois avec un chien, la réaction risque d'être violente : coups de patte, grondements, crachats, poils du dos hérissés et fuite spectaculaire dans les hauteurs ou à l'extérieur.

Avant d'engager les premières rencontres entre votre chat et votre chien, je vous recommande très vivement d'assurer une première éducation de votre chien. Pour s'en assurer facilement et en quelques jours seulement, Laetitia de OuafMag.com a publié une méthode très douce et ludique basée uniquement sur le plaisir du chien dans l'apprentissage d'ordres simples de base.

A partir du moment où votre chien est capable de rester assis, voire allongé, à vos pieds devant un chat qu'il ne connaît pas, la première mission est remplie. Cette phase est, d'une part, capitale pour obtenir une relation harmonieuse entre chien et chat et, d'autre part, vitale pour éviter tout accident entre vos compagnons.

Changer dans l'esprit de notre chat une association d'idées

Que ce soit un autre chat, un autre chien, une personne de votre entourage, le chat réagit à l'inconnu en attaquant, en fuyant, etc. Il associe ce clandestin à une image très négative. Notre objectif sera de changer cette information dans l'esprit de minou et de lui faire associer l'odeur et la vue de cet « intrus » à un sentiment agréable et non plus à l'équivalent d'une alerte rouge.

C'est la mission que je vous propose à partir de maintenant. Cette opération prendra plusieurs jours au mieux, plusieurs semaines voire quelques mois dans les cas plus difficiles avant d'observer le premier progrès. La durée dépend des propres aptitudes de votre chat. Vous comprenez maintenant que la patience et la persévérance sont vos armes principales dans cette mission. Mais l'expérience d'un grand nombre de cas suivis sur laVieDesChats.com me fait dire que vous avez tout pour y parvenir. Pourquoi ? Déjà parce que vous avez entrepris d'améliorer la situation en achetant cet ouvrage et en acceptant l'engagement. En fait, l'amour que vous portez à vos animaux est votre moteur, votre énergie vitale dans cette entreprise.

Ma recette personnelle concerne les chats systématiquement agressifs envers un animal ou une personne. Cette méthode va faciliter et accélérer les premières rencontres ou adoucir des relations devenues électriques.

Préparez-vous !

Nous allons toucher maintenant au cœur de cette méthode.

Programme de la méthode pour les chats agressifs

Comment une situation que notre chat considérait comme une menace dans son esprit va être transformée en un sentiment de sympathie ?

Nous allons commencer un programme consistant à répéter une action afin que notre chat enregistre une association favorable entre le nouvel animal et des sentiments agréables. Si vous êtes fidèle à laVieDesChats.com, vous savez que les chats adorent les habitudes, des habitudes à heure fixe de préférence …

Tous les jours à heure fixe

C'est pourquoi nous allons choisir une heure fixe pour les semaines à venir. Par exemple, je vous propose 21 heures, ou tout autre heure à laquelle nous sommes sûrs d'être dégagés de toute obligation. Nous sommes à ce moment-là entièrement disponibles pour nos compagnons, nous avons même coupé le téléphone pour les premières séances. Nous sommes donc dans d'excellentes dispositions pour apprendre la méthode et sommes concentrés à observer le comportement de nos compagnons.

Quand l'habitude du rituel sera installée au bout de plusieurs jours, quand votre chat réagira positivement au début des séances (son air satisfait quand vous allez l'inviter dans le lieu choisi pour la séance …), l'horaire fixe aura moins d'importance. Ce respect de l'horaire fixe facilite l'opération surtout dans les premiers jours. Si l'horaire fixe vous est impossible, rien de grave, la durée du programme sera un peu allongée. Votre chat retiendra surtout un rituel quotidien. La constance de votre séances est primordiale pour réussir à harmoniser les relations entre vos compagnons.

Un lieu que votre chat aime

Vous allez choisir le lieu, il sera le même pour les séances à venir.

En général, je préconise un lieu que la victime (chat ou chien agressé, …) aime beaucoup. Dans d'autres cas, je choisirai un endroit que l'agresseur apprécie beaucoup. Dans certains cas extrêmes entre chats terrorisés et chiens fougueux, une barrière doit séparer les deux protagonistes durant les premières séances, je vais revenir plus loin sur ce point.

S'il s'agit d'un chien voulant jouer d'une manière trop brutale pour le chat, je recommande sur laVieDesChats.com la méthode BON CHIEN de Laetitia pour offrir au chien une éducation tout en l'amusant. Il apprendra vite à rester sagement devant le chat sans l'effrayer.

Nous choisissons donc un endroit calme (pièce ou autre genre de lieu sans personne d'autre ni bruit perturbateur) pour y réunir le chat et celui ou celle qu'il ne supporte pas (chat, chien, le papa, votre voisine, le lapin, …). Aucune distraction sonore ou visuelle ne doit perturber la séance.

Une seule pièce peut paraître un peu petite et contraignante pour un chat, je préconise deux pièces communicantes. Ainsi, les chats les plus craintifs se rassureront de savoir qu'ils peuvent à tout moment passer dans la pièce voisine.

Si vous êtes dans un studio, le choix n'est plus une question. Pour réussir l'opération, vous devrez fermer cet endroit pour laisser à portée de voix et avoir à portée de main les deux chats. Dans tous les cas, le chat le plus peureux doit pouvoir se sentir à une distance de sécurité raisonnable. Si l'un des chats n'a pas la distance de sécurité minimum, il vous le fera savoir en tentant de quitter l'espace par tous les moyens en miaulant et en tentant de sauter sur les portes ou les fenêtres. C'est alors un symptôme de panique auquel il faut répondre par la libération. A la séance suivante, ajoutez une pièce supplémentaire si possible ou augmentez les positions hautes, tel un arbre à chats ou une étagère fixée au mur.

Les deux animaux en même temps

Dans ce lieu fermé (pièce, grange, appartement deux pièces, …), vous êtes assis et avez le choix entre accueillir dans vos bras le chat agresseur ou l'animal victime. Vous choisirez l'animal le plus anxieux, le plus craintif. Il ne s'agit surtout pas d'obliger un chat à être maintenu contre sa volonté, il pourrait vous blesser en fuyant. Le maintien dans vos bras n'est qu'une proposition faite à vos chats, nullement une obligation. Proposez, ils disposeront.

Votre rôle est de rassurer chacun et de demeurer le plus apaisant possible. Les premières séances seront les plus difficiles. Patience !

Durée des séances

Chaque séance doit durer au minimum 15 minutes … 30 minutes marqueront davantage l'inconscient du chat, nous retiendrons donc la demi-heure comme période idéale.

Quand il s'agit de chats très agités, paniqués, que vous avez trop de peine à les maintenir dans cet espace restreint, alors lancez-vous le défi de parvenir à une séance de trois minutes minimum. Puis chaque jour, vous allongerez d'une seule minute la durée.

Concentrez-vous sur vos gestes et vos paroles durant ces moments.

Ce qu'il faut faire en séance

Concentrez-vous sur votre voix et l'intention que vous lui donnez.

Vous respirez calmement, vous avez les gestes assurés et doux. Pendant chaque séance, vous les caressez en même temps, dans le meilleur des cas, ou l'un après l'autre. Par ces échanges de caresses, ils vont s'habituer à l'odeur de l'autre. L'inconnu le sera moins progressivement et vous serez sur la bonne voie.

Parlez-leur de votre voix la plus douce, la plus caline. Vous dites ce qui vous passe par la tête pour calmer la relation :

« Tu voix Félix, ce vieux chat n'est pas si méchant, Max vit avec nous désormais, nous sommes de la même famille, il va devenir ton copain j'en suis sûr, etc.»

Les mots sont importants pour vous car vous leur donnerez l'intention la plus authentique. Vous ajouterez à cette voix rassurante des caresses, autant que vos chats accepteront. Le chat ne comprend évidemment pas les mots mais il est sensible à l'émotion que vous associez à ce moment calme en compagnie de celui qui le rend agressif (ou peureux). Votre chat va interpréter vos intonations et vos fréquences de voix employées, voilà pourquoi l'intention doit être sincère et vos mots doivent être bien choisis.

Noter les moindres progrès dans le

comportement de vos chats

De jour en jour, l'association de l'autre chat à des moments agréables (les séances) et des sentiments de plus en plus positifs va contribuer à la réussite du rapprochement que vous avez entrepris avec cet ouvrage. Je vous assure que vous apprécierez le tout premier signe de progrès dans la relation. Observez bien vos chats et si cette période dure des semaines, voire des mois, il est important de noter sur un journal de bord les moindres signes dans leur comportement. Vous relèverez à chaque séance le moindre progrès : « Aujourd'hui, pour la première fois, il ne feule plus mais il garde sa mine des mauvais jours. », « Il s'est approché pour la première fois de Maxou, à une bonne distance de quatre mètres, mais le museau en avant, l'air curieux et très interessé. 10 secondes après cette tentative, il est reparti en trottant dans son arbre à chats se réfugier », etc.

Si une série de séances ne vous apporte aucun progrès à relever, vous pourrez relire vos notes depuis le début pour constater le chemin parcouru et les progrès obtenus. Cela vous encouragera à persévérer.

N'attendez pas de résultats probants chaque jour mais vous constaterez périodiquement des changements positifs dans leur comportement qui vous confirmeront une bonne marge de progression. Je vous rappelle que la patience est votre puissante alliée dans une telle situation.

Bonus de cette méthode pour chats agressifs

Depuis des années, j'accompagne les abonnées de laVieDesChats.com pour les aider à rapprocher leurs compagnons. A chaque animal, il faut adapter au fil du temps la méthode. Il s'agit de l'adapter à la personnalité de chaque animal.

Par exemple, à Samouraï un chat aux poils longs et au caractère très rugueux, j'avais ajouté des séances individuelles. Ce chat était inapte à la diplomatie or, il fallait permettre à l'autre chat de l'approcher sans se faire attaquer systématiquement. A Laurence, j'avais proposé de rassurer Samouraï. Manifestement, à ce chat avait déjà vécu dans son début d'existence chaotique et traumatisant. Il avait vécu seul dans la rue pendant au moins deux ans, il avait subi une terrible attaque d'un chien absolument pas éduqué dans un premier foyer d'accueil. Ce chat avait perdu toute confiance et la moindre intrusion dans son environnement réveillant de douloureux souvenirs. Il se mettait alors en mode contre-attaque.

Laurence avait donc ajouté aux séances quotidiennes en commun une séance exclusive avec son cher Samouraï. Ces séances exclusives consistent à offrir au chat qui vivait seul avant l'arrivée du nouveau compagnon, un moment privilégié. Chaque jour, Laurence alternait entre jeux, brossages et câlins pendant 10 minutes, seule avec son chat.

Ces moments privilégiés permettent de renforcer les liens qui vous lient à votre premier chat. Après quelques semaines de patience, Laurence avait relevé un premier progrès dans les séances en commun : « Samouraï n'a enfin émis aucun grognement aujourd'hui face à Mitsou. Il l'a superbement ignoré mais il n'a pas été désagréable. Il était temps ... ».

Ajoutez à la fin de chaque séance une croquette

aux deux animaux pour une note positive supplémentaire. Pour les chats les plus énervés, faites de même au début de la séance.

Enfin, je vous invite à ajouter une séance de jeux après chaque séance. Ces jeux ne seront proposés qu'aux chats qui auront le comportement le plus calme dans les séances. En revanche, les chats énervés à l'issue de ces séances de câlins en commun ne trouveront aucun bénéfice dans des jeux juste après. Il faut les laisser seuls se calmer.

Sur laVieDesChats.com, les articles sur le jeu vous donneront les clés de compréhension de la nécessité du jeu pour le chat et quelques exemples efficaces d'amusements.

Cette étape supplémentaire vous apprendra que la communication dans le jeu est un moment privilégié entre vous et votre chat.

Évaluer les résultats de la méthode

Au début du programme …

Les premières séances seront les plus délicates. Il ne s'agit pas de forcer la confrontation. Je rappelle qu'il ne faut pas contraindre votre chat terrorisé dans les bras pour permettre une première avec votre chien ou à un autre chat. Votre chat peureux ne manquera pas de vous griffer les avant-bras avant de fuir. Et si vous persistez de cette manière, il vous évitera pour de bon car il aura perdu toute confiance en vous. Il ne faut surtout rien imposer. En revanche, il s'agit de proposer une certaine proximité tous les jours.

Par exemple, un chaton verra que le grand dogue qui se tient gentiment assis à 5 mètres de là est capable de lui laisser tout l'espace libre dont il a besoin pour se sentir en sécurité. Votre dogue est suffisamment bien éduqué pour ne pas effrayer le chaton (cf la méthode BON CHIEN).

Dans un autre exemple, vous parlez très

doucement à votre vieux matou qui ne peut s'empêcher de grogner et agiter furieusement la queue en voyant près de la porte ce nouveau chat tout juste arrivé d'un refuge.

« Tu vois, il s'appelle Oscar et habite maintenant chez nous. Il faudra que tu apprennes à connaître Oscar … ».

Sur laVieDesChats.com, nous pouvons voir en vidéo la rencontre entre un vieux chat et un chaton. Les scènes ont été enregistrées sur plusieurs semaines et le montage de quelques minutes révèle les changements progressifs de comportements.

Même si l'envie peut être forte, Il faut savoir ne pas intervenir au moindre feulement ou coup de patte, surveillez-les simplement à distance. Tant que les gestes sont contrôlés et qu'aucune blessure n'apparaît alors considérez ces escarmouches comme de la simple communication. Chacun apprend de l'autre les limites à ne pas dépasser. Ils s'accordent notamment sur la distance minimum de sécurité. Après une période de provocations et de défis, les animaux trouveront l'équilibre dans leur relation.

En cas de bagarre plus grave

Intervenez seulement si une blessure apparaît. Si la blessure est bénine, accordez ce dérapage à leurs débuts difficiles de communication. Vous les surveillerez toujours à distance avec davantage d'attention. Accordez un à deux dérapages de ce type dans les premiers rounds d'observation.

En revanche, si la blessure vous semble grave, nous sommes dans une situation plus extrême. Dans ce cas, vous devrez séparer franchement vos compagnons. Les barrières bébé, coincés dans les chambranles de vos portes, sont une bonne astuce. Si cela n'empêche toujours pas les agressions avec blessures, je vous propose de les cacher à la vue et d'installer de grands cartons à la place de vos portes. De cette manière, les chats ne se voient plus mais s'entendent et se sentent très bien à distance. Cela calmera les esprits. Par la suite, il s'agira de les habituer l'un à l'autre à nouveau dans des repas en commun. Comme nous le voyons dans le livre « Recettes contre les pipis de chats … ou comment le ramener dans sa litière », je vais vous décrire ces repas en commun dans le cas de chats très agressifs.

Les repas en commun pour rapprocher des chats trop agressifs

Vos chats vivent de part et d'autre de ce grand carton qui remplace la porte de la cuisine. Ils se sentent, s'entendent mais ne se voient pas directement depuis plusieurs jours. Vous avez choisi un horaire de dîner en commun. Parce que nos chats prennent un grand nombre de mini repas tous les jours, nous allons éviter de les frustrer sur ce plan. Voila pourquoi, pour les astreindre à dîner de part et d'autre du carton, nous leur laissons leur gamelle de nourriture de 20h à midi le lendemain. A midi, vous leur enlevez leur gamelle de nourriture. Comme ils n'auront pu se nourrir durant l'après-midi, ils n'attendront qu'une seule chose à votre retour le soir : le repas !

Vous pouvez alors soulever de 5 centimètres le grand carton, disposez les cales nécessaires pour laisser ce petit espace sous le carton. Vous proposez alors la gamelle de chacun de part et d'autre du grand carton, le plus près possible l'un de l'autre.

Comme l'appétit sera bon, nos compagnons vont se délecter de leur dîner, l'un à côté de l'autre. L'habitude aidant, l'association de l'odeur et de la vue de l'autre chat à ce moment agréable et calme du repas va les mettre davantage en confiance. Parce qu'il y a des chats très caractériels, certains vont encore à provoquer en tentant des coups de patte sous le carton. Dans ce cas encore plus extrême, éloignez de quelques centimètres supplémentaires les gamelles de nourriture tout en laissant le petit espace de visibilité sous le carton.

Au fil des jours et semaines, vous augmenterez progressivement l'espace sous le carton centimètre après centimètre. Vous surveillerez toujours le dîner de vos chats et vous déciderez du moment où cette phase les aura suffisament calmés l'un à l'autre. Vous pourrez reprendre le cours normal de cette méthode de rapprochement entre nos chats. Vous pourrez enfin jeter votre grand carton et leur proposer à nouveau ces séances en commun.

Au bout de quelques séances

Peu à peu, au fil des séances quotidiennes, votre chat agressif va enregistrer les odeurs de « l'intrus ». Dans cet environnement apaisant, Minou va associer le calme de la situation, votre émotion dans la voix aux nouvelles odeurs de l'autre animal. La clé de cette recette personnelle repose sur l'association de ces éléments positifs à « l'autre ».

Au début de ce processus, votre chat va sans doute cracher, gronder, tenter des coups de griffe mais c'est là que vous êtes déterminant dans la réussite de cette opération. Vous tenez à ce que la séance dure le temps minimum, vous usez toujours de votre voix douce et vous les caressez de manière à échanger les odeurs. Même si vos chats se cantonnent chacun à l'autre extrémité de la pièce, l'un sur le dossier du canapé, l'autre au sommet de l'arbre à chats, poursuivez malgré tout ces séances.

Si « l'autre » est une personne, utilisez un petit vêtement de la personne pour appliquer ses odeurs sur les poils de votre chat. Cette personne pourra tenter de caresser au bout de quelques séances, en tendant la main d'abord pour inviter le chat à sentir. Tant que ce dernier refuse de sentir, reportez la tentative à la séance suivante. N'imposez jamais le contact, proposez la main fermée et attendez que le chat vienne la sentir. Si vous imposez quelque chose à votre chat contre sa volonté, les bénéfices des premières séances seront anéantis.

Durée du programme ? A quand les premiers résultats ?

Cela dépend de l'éducation et de la personnalité du chat. Au bout de 15 jours de cette recette personnelle laVieDesChats.com du câlin en commun, faites un point sur l'évolution de la situation. Pour les plus sociables (éduqués par leur maman biologique au moins 6 mois et habitués à cohabiter avec d'autres animaux), c'est l'affaire de quelques jours. Pour les plus peureux et les plus arrogants, ce sera long de plusieurs semaines voire de quelques mois …

Dès que cette période dépasse les deux semaines, notez sur un journal de bord vos observations. Il est important de pouvoir mesurer la progression, même lente, des relations entre vos chats agressifs. Soyez donc aussi déterminé et patient qu'un chat.

Comment mesurer les progrès de la méthode ?

La méthode ne peut pas laisser un chat indifférent. Le premier progrès s'exprime sous différentes formes. Par exemple, Sophie évoquait l'arrêt de pipis intempestifs au bout de quelques jours, le chat n'avait plus besoin de marquer son territoire par ses pipis et affirmer sa présence.

Un autre abonné de laVieDesChats.com me confie que son chat accepte les câlins dans le salon dans lequel il refusait d'entrer depuis l'arrivée d'un chien 12 jours auparavant.

Cette méthode vise à offrir davantage de confiance à vos chats. Le chat le plus agressif atténuera son comportement et acceptera « l'autre » dès qu'il ne se sentira plus en danger immédiat.

Pourquoi je ne constate aucun progrès ?

Dans certains cas pour celles et ceux qui ont testé et approuvé cette méthode sur laVieDesChats.com, j'ai reçu des emails de désespoir au bout de 9 à 15 jours :

« Depuis 10 jours, les séances sont un enfer. Minou est intenable, il me griffe si je veux le maintenir sur mes genoux … »

« Depuis 12 jours, la minette est terrorisée dès qu'on commence, elle se cache sous le lit et n'en ressort plus ! »

« Ils restent à distance, chacun dans une pièce et s'ignorent magnifiquement … »

« Depuis 9 jours, rien n'a changé … »

Vous découvrez peut-être l'univers de votre chat dans lequel vous ne percevez pas forcément les changements. La première épreuve que vous devez passer avec succès avec un chat, c'est LA PATIENCE. Il en faut beaucoup quand il s'agit d'un chat traumatisé, d'un chat dont l'éducation des 6 premiers mois n'a pas été faite par sa maman et mal complétée ensuite. Quand notre chat a connu une enfance heureuse mais qu'il n'a jamais vécu aux côtés d'un autre chat ou d'un chien pendant des années, c'est aussi une épreuve de patience de lui faire accepter un nouveau compagnon, je vous l'accorde. Mais j'insiste sur ce point, soyez aussi patient(e) que vos chats, aussi persévérant(e) qu'eux.

A ce propos, une image me revient à l'esprit. Vous avez observé sans doute cette scène. Vivant à la campagne, mes chats sortent et chassent. Ils me remplissent d'admiration quand ils font le guet. Je croise l'un d'eux devant un talus, immobile comme un arbre, fixant le même point dans le talus. Je lui glisse alors « Ah ! Tu as repéré quelque chose ! ». Il ne réagit pas, ses oreilles n'ont même pas pivoté dans ma direction, il se concentre totalement sur sa future proie encore invisible à mes yeux. Quand je repasse au même endroit une ou deux heures après, il n'a pas bougé d'un millimètre, il est dans la même position, le regard et les oreilles pointant vers un point fixe dans le talus. La troisième fois, je l'aperçois sur la pelouse, dévorant le rongeur qu'il a finalement attrapé. Vous imaginez donc la puissance de leur volonté et de leur persévérance ! Copiez-les et arrivez à vos fins pour retrouver le calme et l'harmonie entre vos animaux.

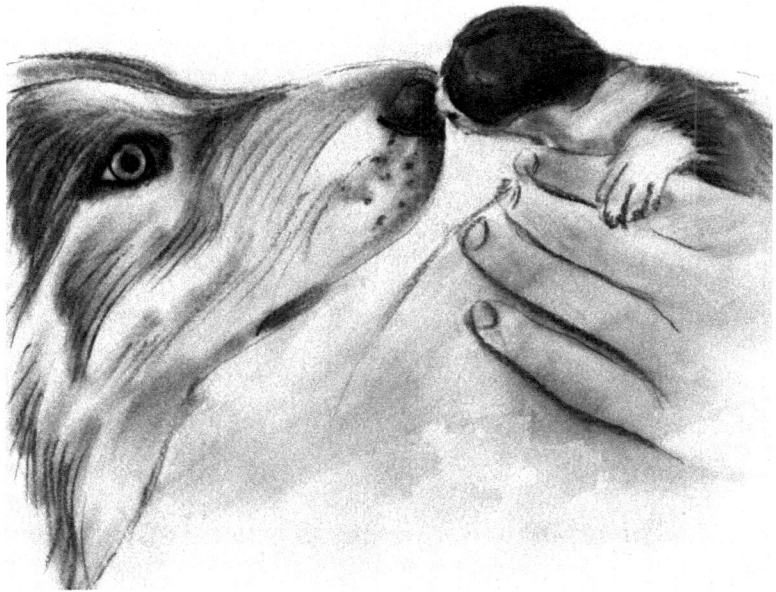

Quiz et mises en situation

Rien ne vaut un quiz pour tester votre compréhension de cette recette personnelle pour chats agressifs ou pour faciliter les premières rencontres. Je vous propose ces quelques cas et seule une proposition est correcte, à vous de trouver la bonne. Il s'agit de cas réels évoqués par les lecteurs de laVieDesChats.com.

Question A - Dès l'arrivée d'un nouveau chien à la maison, à quel moment dois-je le mettre face au chat ?

1- Dès l'arrivée du chien dans la maison, je le laisse avec le chat dans une même pièce sans ma surveillance.

2- Au bout de 48 heures d'isolement du chien dans une pièce de mon logement (avec sortie le soir à l'extérieur), je fais les présentations en demandant au chien de rester sagement assis. Le chat viendra de lui-même ou restera dans la pièce à l'observer.

3- Au bout d'une semaine, j'attache le chat et amène le chien à sentir le félin.

La bonne réponse est la 2 naturellement. Il y a deux choses à respecter :

– le chien doit être éduqué et, à votre demande, se tient sagement assis face au chat.

– le chat doit avoir l'occasion de s'habituer aux odeurs, au comportement du chien. Il doit pouvoir décider de la distance minimum de sécurité qu'il estime acceptable.

Si, en revanche, le chien est fougueux et veut jouer tout de suite, le chat percevra le chien comme une menace. Je vous rappelle qu'il est son prédateur naturel. Imaginez un ennemi armé face à vous qui veut jouer avec vous en agitant son arme, il ne va pas vous inspirer grande confiance. Il faut donc assurer des présentations sans agitation et dans le calme.

Proposez deux pièces communicantes et fermez les portes. Sous votre surveillance apaisante, vous pouvez relire le passage sur les séances de câlins en commun pour vous aider à rapprocher vos animaux. Le chat peureux ira se cacher dans un coin mais se rendra compte que le chien est cool au bout de 5 minutes. Vous recommencerez alors avec lui les jours suivants dans les mêmes conditions. Peu à peu, le chat osera faire un premier pas ou se tiendra plus tranquillement près de celui qui lui faisait peur auparavant. Le chat non peureux viendra renifler ce grand animal et sera rassuré de voir le chien tranquille, sans aucun signe d'agitation, la confiance s'installera progressivement ...

Question B - Pourquoi le chat est agressif envers le nouveau chaton, il l'attaque dès qu'il le voit. Pourquoi ?

1- Parce que mon vieux chat est fourbe et adore comploter contre le nouveau.

2- Il est toujours jaloux comme il peut l'être avec d'autres membres de la famille à la maison.

3- Il considère le chaton comme un intrus sur SON territoire et a peur de perdre ce territoire.

La bonne réponse est la 3.

Dire d'un chat ou d'un autre animal qu'il est fourbe ou jaloux, c'est mal connaître le chat. A partir du moment où vous connaissez les besoins et les peurs d'un animal, vous comprenez son cmportement et ses réactions parfois vives. Dans le cas d'un chat non sociable, apprendre à partager son territoire lui demandera beaucoup de temps. Il y arrivera mais demandera plus de temps qu'un chat habitué à la vie en communauté. Pour un chat plus sociable, l'entente avec un nouveau chaton se fera en une poignée de semaines comme nous l'avions vu en vidéo sur laVieDesChats.com.

Question C - Mon vieux chat est terrorisé par le chaton que je viens d'adopter. Quel lieu puis-je choisir pour les séances quotidiennes entre mon vieux chat et le chaton ?

1- Dans ma chambre parce que ça m'arrange même si mes chats n'y vont presque jamais.

2- Près du couffin de mon vieux chat où il fait des siestes et passe ses nuits.

3- Dans la buanderie où j'ai installé la gamelle et la litière du jeune chaton.

La meilleure réponse est la 2. Dans ce type de situation, nous choisissons l'animal le plus agressif ou le plus peureux car l'essentiel du programme se fait sur lui. Ensuite, il s'agit d'identifier un lieu que ce chat adore, un endroit où il se rend de lui-même systématiquement pour faire une sieste, où il se sent en sécurité.

Question D – Dans la même situation, que puis-je dire pendant les séances quotidiennes ?

1- Je réprimande le jeune chaton qui terrorise le vieux.

2- Je diffuse du hard rock ou du rap.

3- J'explique de ma voix douce à mon vieux chat que le jeune n'est pas un intrus mais qu'il est un nouveau membre de la famille et va devenir son compagnon désormais.

La bonne réponse est la 3. Nous avons choisi un endroit que l'animal le plus sensible (peureux, agressif, …) adore, un endroit où nous ferons en sorte d'être au calme (pas de musique heurtante ni de machine bruyante). Ce que nous dirons doit être aussi calme et doux. Les chats et chiens ne comprennent pas des phrases entières mais perçoivent très bien l'intention qu'on y met. Je vous conseille de leur parler, de leur dire ce que vous attendez d'eux en prononçant souvent leur nom (qu'ils reconnaissent au bout d'un moment). S'ils vous regardent fixement quand vous leur parlez alors ils ont toute votre attention, c'est très bon signe ;)

Question E – Pourquoi est-il conseillé de

faire des séances quotidiennes à heure fixe ?

1- Parce que les chats adorent les habitudes.

2- Parce que les planètes sont alignées de la même manière à la même heure.

3- Parce que le taux de luminosité du jour influe directement sur certaines substances du cerveau du chat.

Bonne réponse : la 1. En effet, les chats adorent les habitudes strictes : un mot qui déclenche une séance de jeux ou l'heure de la nourriture, la maîtresse s'installe après manger dans le fauteuil et est disponible pour des caresses, etc … Je l'avais souvent lu mais je m'en rends compte davantage depuis la rédaction du site et des guides, les chats sont heureux dans un quotidien et un train-train extrêmement régulier d'horloger.

Si les séances ne sont pas faites à la même heure tous les jours, ce n'est pas dramatique. En fait, l'heure fixe permet d'installer une habitude, ce qui contribue à optimiser les progrès du programme.

Question F – Nous sommes dans la situation suivante: un vieux chat jamais socialisé est épouvanté par un jeune chien que vous venez d'adopter. Le chat ne veut plus rentrer dans la maison et reste manger sa pâtée dehors.

Parmi ces exemples, lequel <u>ne représente aucun progrès</u> dans le cadre de cette recette pour faciliter les premières rencontres ?

1- Le vieux chat s'est endormi sur mes genoux dans le canapé.

2- Le vieux chat attend sous la voiture, le regard fixe vers les fenêtres de la maison.

3- Le vieux chat accepte mes caresses dans l'entrée de la maison, en l'absence du chien.

La bonne réponse est la 2. Voilà un cas où la patience des maîtres est mise à rude épreuve car les premiers progrès pour un chat plus sauvage que d'autres est plus long à obtenir. Dans ce cas, le progrès peut être infime comme de caresser le chat dehors de plus en plus près de la porte d'entrée de la maison. Autre petit signe positif possible : le chat accepte de venir à vous près de la voiture sous laquelle il restait immobile depuis 12 jours. Mètre après mètre, il s'agira d'inviter le chat à des caresses, à manger 2 à 3 croquettes, de jour en jour et toujours plus près de l'objectif : la porte d'entrée. Certains cas sont en effet plus difficiles.

Question G – Dans la même situation qu'à la question F, je ne constate aucun progrès infime au bout d'une certaine période. A partir de combien de jours il est raisonnable de s'en inquiéter et de solliciter à nouveau laVieDesChats.com ?

1- au bout de 4 jours

2- au bout de 12 jours

3- au bout de 21 jours

La bonne réponse est la 3. En moyenne, pour des chats sociables et habitués à d'autres animaux, les premiers progrès s'observent entre 4 et 15 jours. Plus le profil du chat est difficile (solitaire endurci, peureux, mal éduqué durant ses 6 premiers mois,…) et plus longs seront les premiers résultats à survenir. Dans ce cas, il est nécessaire de refaire le point sur ce qui a été entrepris depuis le premier jour et d'affiner le programme. Voila pourquoi le journal de bord que vous aurez rempli sera précieux pour une bonne analyse et les meilleures options.

Mais quelle est la garantie d'avoir un progrès rapidement ? Seul le chat décide. Nous faisons tout pour le mettre à l'aise, le rassurer, le considérer, le respecter mais le chat a le dernier mot.

N'hésitez pas à refaire ce quiz demain pour mémoriser les notions fondamentales de cette méthode.

Conclusion de la méthode

Si vous suivez cette méthode pas à pas, en respectant toutes les conditions nécessaires, vous obtiendrez un premier progrès ou un succès immédiat selon les aptitudes de votre chat. Si vous vous posez des questions, si vous doutez de la progression de l'opération, venez me solliciter sur laVieDesChats.com au bout de la durée que vous connaissez désormais ;)

Quelque soit la rapidité du progrès obtenu, retenez que vous n'avez jamais eu autant de relations étroites avec votre chat auparavant. Votre chat va être touché autant que vous par tant d'attention et de sollicitations. La communication imposée par cette méthode va vous rapprocher de votre animal et c'est sans doute le plus beau bénéfice de cette méthode au-delà du comportement à améliorer.

Du même auteur

Morgan laVieDesChats.com

- *Recettes pour chats agressifs… ou comment faciliter les premières rencontres, 2013.*

- *Recettes contre les pipis de chats… ou comment le ramener dans sa litière, 2014.*

- *Recettes pour deux chats heureux… ou comment réussir leur cohabitation, 2014.*

- *Guide de l'entente entre chiens et chats, 2015. Par Morgan LaVieDesChats.com et Laetitia OuafMag.com*

Livres disponibles en version numérique (liseuse, fichier pdf) et en version papier sur Amazon ou sur laVieDesChats.com

Droits d'auteur

Clause de non responsabilité

Les informations contenues dans le présent ouvrage sont soumises à une clause de non-responsabilité.

L'auteur a pris toutes les précautions nécessaires pour fournir des informations de haute qualité via des recherches approfondies, des entretiens avec des professionnels et des propriétaires d'animaux et en ayant soumis le présent ouvrage à la relecture auprès de plusieurs personnes.

Toutefois, les informations, techniques, conseils et autres types de contenus figurant dans le présent ouvrage :

- ont un caractère général et peuvent ne pas convenir à certaines situations spécifiques

- n'ont pas valeur de conseil professionnel

- sont sans garantie de résultat, car il appartient au lecteur d'utiliser le contenu de cet ouvrage en fonction de sa situation personnelle, de ses propres choix, objectifs et aptitudes

La responsabilité de l'auteur ne pourra en aucun cas être engagée en ce qui concerne les conséquences pouvant résulter de l'application des informations, techniques, conseils et autres types de contenu figurant dans le présent ouvrage.

L'auteur ne pourra en aucun cas être tenu responsable d'un résultat insatisfaisant ou d'un incident, quelle qu'en soit sa nature. L'auteur ne pourra en aucun cas être passible de dommages et intérêts ou tout autre type de réclamations et indemnités en ce qui concerne les conséquences pouvant résulter de l'application des conseils, techniques et autres types de contenus du présent ouvrage.